HEINZ ERHARDT

# TIERISCH HEITER!

MIT BILDERN VON GERHARD GLÜCK

LAPPAN

# Den Unverstandenen

Stumm ist der Fisch, doch nicht nur er:
Auch einen Wurm verstehst du schwer.

Selbst deines treuen Hunds Gebell
entzifferst du nicht immer schnell.

Und bei den Rindern, Hühnern, Schweinen
kannst du nur raten, was sie meinen.

Drum spreche ich als Anwalt hier
für jedes unverstandne Tier.

(Fürn Papagei brauch ich das nicht,
weil er ja für sich selber spricht.)

*Auch Hunde sollen tolle Ideen haben,*
*sie können nur nicht malen!*

*Vor allem Andersgläubigen fällt es schwer, ihren Salatteller einer heiligen Kuh zu opfern.*

# DIE KUH

Auf der saftig grünen Wiese
weidet ausgerechnet diese
eine Kuh, eine Kuh.

Ach, ihr Herz ist voller Sehnen
und im Auge schimmern Tränen
ab und zu, ab und zu.

Was ihr schmeckte, wiederkaut se
mit der Schnauze, dann verdaut se
und macht Muh, und macht Muh.

Träumend und das Maul bewegend
schaut sie dämlich in die Gegend
grad wie du, grad wie du.

# DIE POLYGLOTTE KATZE

Die Katze sitzt vorm Mauseloch,
in das die Maus vor kurzem kroch
und denkt: »Da wart' nicht lang ich,
die Maus, die fang' ich!«

Die Maus jedoch spricht in dem Bau:
»Ich bin zwar klein, doch bin ich schlau!
Ich rühr mich nicht von hinnen,
ich bleibe drinnen!«

Da plötzlich hört sie – statt »miau« –
ein laut vernehmliches »wau-wau«
und lacht: »Die arme Katze,
der Hund, der hatse!
Jetzt muss sie aber schleunigst flitzen,
anstatt vor meinem Loch zu sitzen!«

Doch leider – nun, man ahnt 's bereits –
war das ein Irrtum ihrerseits,
denn als die Maus vors Loch hintritt –
es war nur ein ganz kleiner Schritt –
wird sie durch Katzenpfotenkraft
hinweggerafft! – – –

Danach wäscht sich die Katz die Pfote
und spricht mit der ihr eignen Note:
»Wie nützlich ist es dann und wann,
wenn man 'ne fremde Sprache kann ...!«

*Anton lügt!*

*Ein guter Diplomat kennt die Schwäche seines Gegners.*

# ETWAS ÜBER DEN KUCKUCK

Vorgestern erzählte ein schlichter Jäger seine Erlebnisse aus Wald und Flur. Er plauderte von Bäumen und Tieren, besonders nett aber sprach er vom Kuckuck, der, wie er meinte, in freier Wildbahn ein ebenso verstecktes Dasein führe wie bei ihm daheim an den Möbeln. Der Jäger sagte weiter: »Der Kuckuck lebt hauptsächlich in nach ihm benannten Uhren. Er ist also ein typisches *Uhr*viech. Man findet ihn aber auch im Freien, wo man ihn aber so gut wie fast selten sieht. Doch *wenn* man ihn mal sieht, dann hört man ihn höchstens. Neulich«, fuhr der Jäger fort, »ging ich im Wald einher, als mir plötzlich ein Kuckuck um die Ohren flog. Natürlich *ohne* Uhr! Ich riss nicht nur mich zusammen, sondern auch das Gewehr hoch! Zuerst drückte ich es an die Wange und dann ab! Aber da fiel mir ein, dass man erstens auf Kuckuckse gar nicht schießen darf und zweitens, dass ich mein Gewehr überhaupt nicht bei mir hatte.«

Ich hoffe, dass ich diese Geschichte richtig übersetzt habe; denn obiger Jäger bediente sich natürlich des *Lateins*.

# DER SCHMETTERLING

Es war einmal ein buntes Ding,
ein so genannter Schmetterling,
der war wie alle Falter
recht sorglos für sein Alter.
Er nippte hier und nippte dort,
und war er satt, so flog er fort,
flog zu den Hyazinthen
und guckte nicht nach hinten.
Er dachte nämlich nicht daran,
dass was von hinten kommen kann.
So kams, dass dieser Schmetterling
verwundert war, als man ihn fing.

*Marc Bonehead, der Golfplatzwart von Santa Monica, gilt unter Maulwürfen zwar als träge, aber saugefährlich.*

# DER MAULWURF

Auf Gottes bunter Erdenkruste
bewegt sich Löwe, Hund und Kalb,
der Maulwurf aber, der bewusste,
bewegt sich weiter unterhalb.
Er kümmert sich nicht um Gerüchte,
bohrt sich sein Loch und denkt nicht viel,
auch sehnt er sich nicht nach dem Lichte.
Was über ihm ist, lässt ihn kühl!

# DER IGEL

Der Igel sprach zur Igelin:
»Du weißt nicht, wie verliebt ich bin!
Ich liebe dich wie nichts so.«

Dann drückte er sie fest an sich,
worauf sie schrie: »Auch ich lieb dich,
doch lass das sein, du stichst so!«

*»Ich hoffe, Ihr Hund trägt ein Kondom!«*

*Wo, bitte, finden Sie noch diese Zwiesprache mit der Natur?*

# ARTVERWANDT

Klingling, so klingts im Großen Belt.
Das ist der Schellfisch, der da schellt.
Er klingelt, nur gemütlicher,
wie die Gebirgskuh südlicher. –

Das war bis heute unbekannt,
dass Kuh und Schellfisch artverwandt.

# DER MAUS

Der Maus ihr Gatte wurd geschnappt
von einer Mausefalle,
nun war – verdammt und zugeklappt! –
er mausetot für alle.
Die Trauerreden für'n Gemahl,
sie gipfelten im Satze:
»Viel schneller gings auf jeden Fall
mit Falle – als mit Katze!«

*Zwar gab es einen massiven Verdacht, aber keine Beweise!*

*Die Zieglers hatten noch nie etwas übers Internet bestellt!*

# DER VERSTIMMTE ELEFANT

Jede Mücke hat den kleinen
Rüssel, der so oft und gerne sticht,
auch der Elefant hat einen,
aber stechen kann er damit nicht.
Deshalb ist wohl unser Riese
leider immer irgendwie verstimmt,
grade so, als ob er diese
Schwäche seinem Schöpfer übel nimmt.

# DER HOLZWURM

Bei dieser Gelegenheit möchte ich eine Tatsache erwähnen, die bisher die Wissenschaft übersah.

Ein Zoologieprofessor, dessen Name weltbekannt ist – er heißt nämlich Müller –, hat herausgefunden, auf welche Weise sich Holzwürmer untereinander verständigen:

Sie ticken sich an!

Kein Wunder übrigens, denn sie bewegen sich meistens in »anticken« Möbeln!

*Nur noch heimische Arbeitskräfte in der Schweizer Gastronomie*

*Zunehmende Extremwetterlagen machen auch der Tierwelt stark zu schaffen.*

# VÖGEL

Vögel sind, so steht's im Brehm,
Tiere, welche fliegen,
singen meistens angenehm
und sind schwer zu kriegen.
Fliegen ohne Unterlass,
auch bei größter Hitze,
wär ich Vogel, ließ ich das,
weil ich so leicht schwitze.

# An die Bienen

Bienen! Immen! Sumseriche!
Wer sich je mit euch vergliche,
der verdient, dass man ihn töte!
Dass zumindest er erröte!
Denn, wie ihr in Tal und Berg schafft
ohne Zutun der Gewerkschaft,
ohne dass man euch bezahle,
ohne Streik und Lohnspirale,
täglich, stündlich drauf bedacht,
dass ihr für uns Honig macht,
ihr seid 's wert, dass man euch ehre!
Wobei vorzuschlagen wäre –
ob nun alt ihr, ob Novizen –
euch von heute ab zu siezen!

*Bienenforscher Dr. Helfrich wartet seit Stunden auf eine Bestäubung.*

*Nachmittag im Park*

# DIE MADE

Hinter eines Baumes Rinde
wohnt die Made mit dem Kinde.

Sie ist Witwe, denn der Gatte,
den sie hatte, fiel vom Blatte.
Diente so auf diese Weise
einer Ameise als Speise.

Eines Morgens sprach die Made:
»Liebes Kind, ich sehe grade,
drüben gibt es frischen Kohl,
den ich hol. So leb denn wohl!
Halt, noch eins! Denk, was geschah,
geh nicht aus, denk an Papa!«

Also sprach sie und entwich. –
Made junior aber schlich
hinterdrein; doch das war schlecht!
Denn schon kam ein bunter Specht
und verschlang die kleine fade
Made ohne Gnade. Schade!

Hinter eines Baumes Rinde
ruft die Made nach dem Kinde ...

# DAS VÖGLEIN

Wenn ich ein Vöglein wär
und auch zwei Flügel hätt,
flög ich zu dir.
Da ich kein Vöglein bin
und nur einen Flügel hab,
spiel ich Klavier.

*Gescheiterter Flugversuch*

Ein blindes Huhn findet auch mal ein Gerstenkorn und hat dann keine Lust, die Flinte in dasselbe zu werfen.

Aus ungelegten Eiern
schlüpfen keine Hühner.

*Förster Baldur S. glaubt, dass das Erscheinen der Pleitegeier einen sehr langen, harten Winter verspricht.*

# DER KUCKUCK

Der Kuckuck ist ein scheues Reh,
man sieht ihn selten aus der Näh!
Kommt wer, egal von welcher Seite,
so sucht der Kuckuck flugs das Weite.
Er ist nämlich ein wenig bange,
dass man ihn töte oder fange.
In diesem Punkt – warum verschweigen? –
ist unser Vogel etwas eigen.

# Ein Kinderlied

Eiapopeia, was raschelt im Stroh?
Das sind die lieben Mäuschen, die
freuen sich so,
denn die Katze ist krank.
Nun ringeln sie's Schwänzchen
und heben das Köpfchen und machen
ein Tänzchen,
drum raschelts auch so in dem Stroh.
Eiapopeia, eiapopo.

*Man riecht's kaum! Bauer Hurlimanns Sessel wurden aus heimischem Kuhmist gepresst.*

*Onkel Jeton freut sich immer über die Gastgeschenke der Schweizer Verwandten.*

# DAS LAMA

In dem Land des weisen Brahma
lebte jahrelang ein Lama,
dem es niemals wollte glucken,
weit im Bogen auszuspucken.

Schrecklich litt es seelisch wegen
diesem seinem Unvermögen;
und die Tränen war'n ihm nah,
wenn es andre spucken sah.

Heimlich übte es im Sitzen
oder Stehn, den Mund zu spitzen,
um dann zielgerecht durch dessen
Spalt den Strahl herauszupressen;
doch selbst in bequemster Lage
förderte es nichts zutage.

Und – so endet dieses Drama –
schließlich musste unser Lama
vor den Thron des Brahma traben,
ohne je gespuckt zu haben.

# DER STIER

Ein jeder Stier hat oben vorn
auf jeder Seite je ein Horn;
doch ist es ihm nicht zuzumuten,
auf so 'nem Horn auch noch zu tuten.
Nicht drum, weil er nicht tuten kann,
nein, er kommt mit dem Maul nicht ran!

*»Stimmt das? Wenn man sie mit Soja mästet, werden Schweine ekelhaft dick und groß?«*

Olga wittert eine Chance, endlich mal nach draußen zu kommen.

# DER WURM

Am Fuß von einem Aussichtsturm
saß ganz erstarrt ein langer Wurm.

Doch plötzlich kommt die Sonn' herfür
erwärmt den Turm und auch das Tier.

Da fängt der Wurm an, sich zu regen,
und Regenwurm heißt er deswegen.

# ???

Warum heißt bloß das Eichhorn »Eichhorn«?
Denn weder hinten, geschweige vorn
hat es ein Horn oder dergleichen,
auch sieht man es nicht nur auf Eichen.
Ein Wort erscheint und tritt in Kraft,
sein Sinn jedoch bleibt schleierhaft.
So lässt mich noch etwas nicht ruhn:
Was hat der Mensch mit »Mensch« zu tun?

*Alle Kaninchen schlummerten schon friedlich, nur Hubert dachte wieder mal über die Weltherrschaft der weißen Rasse nach.*

*»Fips, warum hab' ich keine Freunde?« –*
*»Weil du sie alle aufgefressen hast!«*

# Der Leu und die Gazelle

Durch die Wüste schreitet der Leu,
blickt sich um, als wär er hier neu,
brüllt!

Schreckerstarrt verharrt die Gazelle,
die den Durst an schattiger Stelle
stillt!

Dann entfernt sich der Löwe nach Norden,
keiner weiß, was aus ihm geworden.
Die Gazell' aber rennt nach Westen –
das war für sie auch am besten …

# DIE SCHNECKE

Mit ihrem Haus nur geht sie aus!
Doch heut lässt sie ihr Haus zu Haus,
es drückt so auf die Hüften.
Und außerdem – das ist gescheit
und auch die allerhöchste Zeit:
Sie muss ihr Haus mal lüften!

*Das Schlimmste ist eigentlich die Überwindung.*

*»Für mich bitte eine Capricciosa, und für ihn 'ne kleine Pizza mit Katzenhack oder so was!«*

# DER HIRSCHKÄFER

Ein Hirschkäfer, der weidete
mit seinen siebzehn Rehen,
und jedermann beneidete
ihn um die vielen Ehen.
Da kam der Knabe Fritz heran –
die Rehkäfer entkamen;
der Hirsch jedoch griff mutig an,
zu schützen seine Damen!
Er musste sterben. – Mit der Leiche
rannte heim der Bube – – – !
Jetzt ziert des Käfers Hirschgeweih
Schwesterchens Puppenstube …

# DER GUCK-GUCK

Der Guck-Guck ist ein Vogeltier,
das weiß man ganz genau.
Kommt er jedoch als Hund zur Welt,
so nennt man ihn Schau-Schau.

*Hundstage*

*Christian Gnädig ahnte, er würde Hartmut sehr vermissen,
vor allem das gemeinsame Frühstück, Mittag- und Abendessen!*

# VERRAT

Spinne, Spinne, spinne du
ruhig weiter, ich schau zu.
Bald kommt eine Fliege dann,
die sich nicht befreien kann,
saugst ihr Blut aus, Glied für Glied.
Wünsch dir guten Appetit!

Fliege, Fliege, fliege nur
ruhig weiter durch den Flur.
Doch die Ecke musst du meiden,
willst du nicht entsetzlich leiden,
denn dort hängt ein Spinnennetz!
Böse, Spinne, dass ich petz?

# Gedanken beim Anblick deiner Krokotasche

Ich badete im Ganges
(das ist eine Art Nil).
Im Ganges schwamm was Langes
auf Flügeln des Gesanges:
Das war ein Krokodil.

Es sang: »Die alten Zedern,
die blühen weiß und rot. –
Oh, hätte ich doch Federn,
wärs Leben nicht so ledern –
besonders nach dem Tod.«

*»Papi, schau mal! Ein Lacoste!«*

»Ich möchte nur eines wissen: Haben Schmetterlinge Ohren?«

# Kleiner Vogel

Kleiner Vogel dort im Baum,
sing doch ruhig leiser;
denn wenn du so weitermachst,
wirst du noch ganz heiser!
Und die Stimme, die du hast,
klingt dann nicht mehr länger,
dann brauchst du ein Mikrofon,
wie 'n moderner Sänger …!

# DER SPATZ

Es war einmal ein grauer Spatz,
der saß ganz oben auf dem Dache,
und unten hielt die Miezekatz
schon seit geraumer Weile Wache.
Da sagte sich das Spätzlein keck:
»Mich kann das Biest nicht überlisten!«
Bums, kam ein Habicht um die Eck
und holte sich den Optimisten. –
So kann es allen denen gehn,
die glauben, nur sie wär'n die Schlauen.
Man darf nicht nur nach unten sehn,
man muss auch mal nach oben schauen!

*Ein Vo-gel woll-te Hoch-zeit ma-chen in dem grü-nen Wal-de.*
*Fi-di-ra-la-la, fi-di-ra-la-la, fi-di-ra-la-la-la-la!*

Glück

# Ente gut, alles gut

Eine Ente sitzt im Schilfe
und im Boot der Jägersmann.
Gibts denn niemand, der da Hilfe
unsrer Ente bringen kann?
Schon sieht man den Hahn ihn spannen,
bums!, das Schrot kracht mit Getöse,
und – die Ente fliegt von dannen.
Sie ist heiter, er ist böse.

ISBN 978-3-8303-3520-7

Gestaltung | Herstellung: Monika Swirski
Druck und Bindung: Livonia Print
Printed in Latvia

MIX
Papier aus verantwortungsvollen Quellen
FSC® C002795

**www.lappan.de**
**www.gerhard-glueck.de**